Bei diesem Buch wurden die durch das verwendete Material und die Produktion entstandenen CO_2 -Emissionen ausgeglichen, indem Penguin JUNIOR ein Projekt zur Aufforstung in Brasilien unterstützt. Weitere Informationen zu dem Projekt unter:
www.ClimatePartner.com/14044-1912-1001

FSC www.fsc.org MIX Papier | Fördert gute Waldnutzung FSC® C010328

Wir produzieren Klimaneutral ClimatePartner.com/14044-1912-1001 Druckprodukt

Penguin Random House Verlagsgruppe
FSC® N001967

1. Auflage 2023

Text: Amelie Plaas-Link
Illustrationen: Miriam Cordes
Konzeptarbeit und Lektorat: Katrin Weller
Umschlaggestaltung: Maria Proctor, Würzburg
RS · Herstellung: AJ
Satz & Reproduktion: Lorenz+Zeller GmbH, Inning a. A.
Druck: Alföldi Nyomda Zrt., Debrecen
ISBN 978-3-328-30140-0
Printed in Hungary
www.penguin-junior.de

Amelie Plaas-Link
Miriam Cordes

Zauberhufe
Unser magischer Ponyhof

Ein **Chaos-Pony** zum Verlieben

PENGUIN JUNIOR
EINFACH SELBST LESEN

© Oskar Sulowski

Das Geschichtenerzählen gehörte schon seit jeher zu AMELIE PLAAS-LINKS Leben dazu. Was mit Kassettenrekorder-Aufnahmen im Kinderzimmer begann, wurde zum Spiel auf der Bühne und zum Spiel vor der Kamera oder dem Mikrofon. Neben ihrer Arbeit als Schauspielerin und Sprecherin findet sie eine enorme Freude darin, eigene Geschichten aufs Papier zu bringen. Ganz besonders liebt sie es, Kinder mit ihren Büchern zu ermutigen und zum Lachen und Träumen zu bringen. Sie lebt und schreibt in Berlin.

© privat

MIRIAM CORDES, geb. 1970, studierte Kinderbuchillustration an der Hamburger Hochschule für Angewandte Wissenschaften und hat zahlreiche Bilderbücher und Jugendromane illustriert.

Inhaltsverzeichnis

Waffeln und Ponyzauber

„Linaaa, Oma hat Waffeln gemacht!"
Lina schreckt von ihrem Pferdebuch auf.
Sie war total darin versunken. Gerade hat sie davon geträumt, über ein weites Feld zu galoppieren. Auf einem wunderschönen weißen Pferd.

„Ich komm gleich. Nur noch ganz kurz."
Sorgfältig stellt sie das Buch zurück zu den anderen Büchern auf der Fensterbank. Die meisten handeln von Reiten oder Pferdepflege.
Doch als sie aus dem Fenster ihres neuen Zimmers guckt, sieht sie kein weites Feld. Nur eine hohe Häuserwand gegenüber. Ob sie sich hier jemals wohlfühlen wird?

Schon tapst Linas kleine Schwester Matilda langsam ins Zimmer. Sie kann seit ihrer Geburt fast nichts sehen und tastet sich vorsichtig herein. „Pack doch mal aus, du Tröte. Ich komm hier gar nicht richtig durch“, nörgelt sie und stößt rumpelnd gegen eine Umzugskiste.
„Hey, pass doch auf! Da ist Falballa drin.“
Lina hastet zur Kiste und nimmt ein großes Papierknäuel heraus. Behutsam wickelt sie es auseinander und zaubert ein zartes Glaspferd hervor.
„Glück gehabt! Wenn er kaputtgegangen wäre, hätte ich dir nämlich alle Waffeln weggegessen“, neckt Lina ihre kleine Schwester.
„Waaas? Ich will aber mindestens fünf! Und ich ess viel schneller als du.“ Ungeduldig zupft Matilda an Linas Arm. „Aber jetzt komm mit runter. Oma erzählt uns bestimmt wieder eine Geschichte.“
„Oh nee, sie hat doch schon zwei Tage durcherzählt“, stöhnt Lina.
Oma freut sich nämlich sehr, dass Papa mit Lina

und Matilda hergezogen ist. Vorher haben sie Oma nur selten besucht. Aber wenn es nach Lina ginge, könnte Oma sich gerne etwas ruhiger freuen.
„Bitte, bitte, liebste Lieblingsschwester!" Matilda krault Lina liebevoll den Nacken. Sie weiß genau, dass die große Schwester ihr so jeden Wunsch erfüllt.
Und es klappt auch diesmal. „Na gut!"
Lächelnd nimmt Lina Matilda an die Hand und klettert vorsichtig mit ihr die steile Treppe zum Erdgeschoss herunter.

„Und was hast du dann gemacht? Als du in Moskau angekommen bist?" Gebannt stopft sich Matilda bereits ihre dritte Waffel in den Mund.

Lina kann sich immer noch nicht entscheiden, wie sie ihre Waffel essen will. Mit Marmelade oder mit Puderzucker?

„Na ja, ich hab den schönen Andreas kennengelernt. Der hat mir Gesangsunterricht gegeben", erzählt Oma Wilhelmine und grinst dabei verschmitzt.

„Du kannst singen?" Matilda fällt vor Aufregung fast das Waffelherz aus dem Mund.
Oma Wilhelmine nickt eifrig. „Ich wäre beinahe eine große Starsängerin geworden. Wollt ihr mal eine Kostprobe?" Sie räuspert sich und stimmt einen hohen Ton an. „Hahahaaaaa ..."

Lina hält sich schnell die Ohren zu.
„Mama, jetzt verschon doch die Kinder mit deinem Gesang!", ruft Papa, der gerade die Haustür aufschließt. Oma bricht beleidigt ab.
„Mhh, das riecht ja superlecker. Sind das etwa Wilhelmines Wunderwaffeln?" Papa kommt herein und zwinkert Oma entschuldigend zu.
Die stellt versöhnt einen weiteren Teller auf den Tisch. „Aber nur, weil du mein Lieblingssohn bist."
„Papa! Wie war's? Wie ist die neue Werkstatt?" Begeistert springt Lina vom Tisch auf. Sie hat ihren Vater schon vermisst. Aber anstatt ihm um den Hals zu fallen, hüpft sie auf seinen Rücken. Er wiehert und macht ein paar Hopser durch den Flur.
Lina quietscht vor Freude.
Das ist ihr liebster Moment des Tages.

„Puh, du wirst immer größer, Linalein. Wird Zeit, dass wir dir ein richtiges Pferd suchen, oder?", stöhnt Papa.

Das wäre unglaublich schön! Doch hier in der Großstadt Berlin wird das bestimmt schwer.

„Ich nehm euch gern die Tage mal mit in die Werkstatt. Dann könnt ihr euch alles ansehen. Aber jetzt will ich erst mal essen." Hungrig greift Papa nach einer Waffel und setzt sich zu Matilda und Oma.

Die fängt direkt an weiterzuerzählen, aber Lina hat keinen Hunger mehr. Auf Waffeln und auf Geschichten.

„Ich geh noch mal raus!", ruft sie den anderen zu und nimmt ihre Jacke.

„Wohin willst du denn?"

„Hast du dein Handy dabei?"

„Aber es regnet doch in Strömen!", fallen die sich gegenseitig ins Wort und schauen Lina mit großen Augen nach.

„Weiß nicht, ja und egal!", ruft Lina genervt über ihre Schulter.
Zu Hause an der Ostsee war das nie ein Problem mit dem Rausgehen. Da brauchte sie auch kein Handy. Und niemand musste sich Sorgen machen. Das ist hier wohl anders.
Frustriert lässt Lina die Haustür hinter sich zufallen und zieht ihre Kapuze ins Gesicht. Sie lugt nach links und rechts. Alles ist grau, nass und laut.

Doch drinnen mit Omas Gequatsche ist es auch nicht viel leiser.
Kurz entschlossen stapft sie los, um ihre neue Heimat zu erkunden. Vorbei an hohen Häusern und vielen Autos. Als sie um eine Ecke biegt, entdeckt sie etwas.
Einen ganz schmalen Weg, der zwischen zwei Hochhäusern entlangführt. Und an seinem Ende ist ein kleiner Wald!
„Wie toll!“, jubelt sie begeistert.
Im Wald angekommen, duftet es nach nassem Laub und Erde. Glücklich springt Lina zwischen den hohen Bäumen entlang. Hier fühlt sie sich wohl, hier ist es ein bisschen wie zu Hause.
Bald lichten sich die Bäume und der Himmel klart auf. Lina kann kaum glauben, was sie sieht.
Vor ihr liegen weite Felder und Wiesen. Die Sonne strahlt hell und wärmend auf sie herunter.
Geblendet hält sie sich ihre Hand vor die Augen.
Die Pfützen des matschigen Feldwegs glitzern.
Dann blinzelt sie zweimal irritiert.

Das sind ja gar keine normalen Pfützen, sondern leuchtende Hufeisenabdrücke! Durch das gespiegelte Sonnenlicht funkeln sie richtig.
Sind die etwa von echten Pferden? Hier?
Fasziniert folgt Lina den Abdrücken. Immer schneller und schneller rennt sie den Feldweg entlang.
Hinter der nächsten Kurve hält sie staunend an.
Vor ihr steht ein dicht bewachsener, alter Gutshof aus roten Backsteinen. Daneben liegt ein riesiger Stall mit verzierten Dachbalken und einem offenen Reitplatz.

Und überall sind Pferde! Einige strecken neugierig ihre Köpfe aus den Stalltüren.
Andere entdeckt Lina auf den Koppeln ringsum.
Verspielt tollen sie zusammen über die Wiese, grasen oder knabbern aneinander herum.

Lina ist begeistert: Von so einem wunderschönen Pferdehof hat sie immer geträumt!
„Hey, was glotzt du denn so?", hört sie da plötzlich eine Stimme.
Ertappt fährt Lina zusammen.
Ein Mädchen mit langen, dunklen Haaren und blauer Reithose kommt mit drei anderen Kindern aus dem Stall gestiefelt. Sie tragen Halfter und Putzzeug und tuscheln aufgedreht.

Sofort fängt Linas Magen an zu drücken. Machen sich die Kinder über sie lustig?

„Hallo! Bist du eingeschlafen? Was machst du hier?“, ruft das Mädchen ihr zu.

Lina läuft rot an und starrt weiter stumm vor sich hin. Ihr Herz galoppiert. Zu Hause hatte sie nicht viele Freunde. Mit anderen Kindern fühlt sie sich schnell unsicher.

Da biegt eine Frau mit rotem Wuschelkopf um die Ecke. „Na, wo bleibt ihr denn? Die Schlammschlacht von gestern putzt sich nicht von alleine weg. Wer zuerst in den Ställen ist, darf den Wasserschlauch halten.“

Lachend springen die Kinder los. Sie knuffen sich gegenseitig in die Seite, um schneller zu sein.

Lina nutzt den Moment, um sich unauffällig hinter einem Baum zu verstecken.

Zum Glück hat die Frau sie nicht gesehen.

Da kommt wie aus dem Nichts Wind auf.

Ein bunter Zettel fliegt direkt auf Lina zu. Sie reagiert blitzschnell und fängt ihn auf.

Ponyzauber
Eine magische Pferdewoche

liest sie fasziniert. Und die beginnt schon morgen! Was für ein merkwürdiger Zufall!
Nachdenklich steckt Lina den Zettel ein und macht sich auf den Weg nach Hause.

Der geheimnisvolle Start

„Da darf man dann auf dem Hof schlafen und alles über Pferde lernen. Putzen, führen und natürlich reiten!“ Mit glänzenden Augen berichtet Lina Matilda von ihrer Entdeckung.

Die kleine Schwester hat sich zu Lina ins Bett gekuschelt und hört gebannt zu.

„Und? Machst du mit?“ Aufgeregt rutscht Matilda noch ein bisschen näher an Lina ran und klemmt ihre kalten Füße zwischen Linas Unterschenkel.

„Mhh, ich weiß nicht. Die anderen Kinder lachen mich bestimmt aus.“ Lina schiebt Matildas Eisklotz-Füße energisch weg.

„Boah, Lina, und wenn schon! Sei kein Angsthase.“

Matilda pikst Lina mit ihren kleinen Fingern in die Rippen.
Lina fängt an zu kichern und kitzelt zurück.
„Lass mich, du Quatschbär."
„Hat mich jemand gerufen?" Papa kommt zur Tür hereingestürmt und wirft sich in den Kitzelkampf.
Er ist aber leider der allerbeste Durchkitzler der Welt.

Bald kriegen Lina und Matilda kaum noch Luft vor Lachen. „AUUUSZEIT! Auuuszeiiiiiiiiiiiit!", kichern sie im Chor.

Papa hört lachend auf.

„Du, Papa", keucht Matilda atemlos. „Lina hat einen Reiterhof entdeckt."

Erstaunt setzt sich Papa am Bettrand auf und schaut Lina fragend an. „Echt? Hier in der Nähe?"

Lina zögert. Sie weiß nicht, ob sie Papa davon erzählen will. Das ist bestimmt zu teuer. Und immer wenn Papa über Geld nachdenkt, bekommt er traurige Stirnfalten.

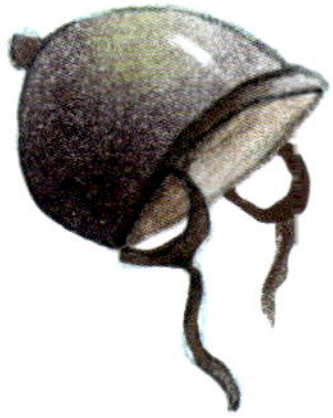

Aber sie kann nicht anders. Vorsichtig streckt sie ihm den Zettel entgegen: „Es ist auch gar nicht schlimm, wenn es nicht geht."

Doch Papa knuddelt sie ganz fest und verspricht Lina, mit ihr gemeinsam am nächsten Tag vorbeizuschauen.

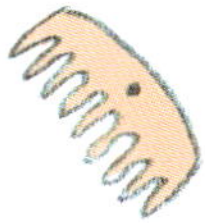

Da kommt Oma ins Zimmer gewatschelt.

„Oh, redet ihr vom Ponyhof? Als ich noch

ein junger Hüpfer war, bin ich in jeder freien Minute da gewesen."

Erschöpft lässt sie sich aufs Bett plumpsen.

„Hab ich euch schon von meiner Karriere als Turnierreiterin erzählt? Fast hätte ich bei der Deutschen Meisterschaft gewonnen ...", fährt sie fort.

Aber da sind Lina, Matilda und Papa schon fest aneinandergekuschelt eingeschlafen.

„Uh, das riecht aber richtig ... äh ... interessant hier." Papa rümpft die Nase. Mit einem lauten Quietschen bremst er sein knallgrünes Auto vor dem Reiterhof ab.

Schniefend hält er sich die Nase zu.

„Quatsch, das ist der allerbeste Geruch der Welt!" Lina springt aus dem Auto.

Ungeduldig zieht sie Papa an der Hand durch das Hoftor.

Sie zeigt hibbelig auf den Stall und die Koppel. „Guck mal, wie süß die sind.

Am liebsten hätte ich Oktopus-Arme, dann könnte ich alle gleichzeitig streicheln!“
Da kommt die Rote-Locken-Frau von gestern auf Lina und Papa zugelaufen.
„Na, dann schauen wir mal, ob wir dich in einen Oktopus verwandeln können. Das hier ist nämlich ein ziemlich magischer Ort.“ Sie lächelt Lina strahlend an. „Ich bin Stella. Und du bist bestimmt Lina, oder?“
Lina stammelt überrascht: „Woher wissen Sie das?“

„Ach, ich hab eine magische Fähigkeit: Namen erraten. Und du siehst einfach genau wie eine LINA aus."

Staunend bleibt Lina der Mund offen stehen. Dann kichern Stella und Papa plötzlich los wie zwei verrückte Hühner.

„Nein, Namen erraten kann ich leider nicht", gibt Stella lächelnd zu. „Aber dein Vater hat heute Morgen mit mir telefoniert und mir von dir erzählt. Herzlich willkommen auf dem *Ponyhof Zauberhufe!*"

Jetzt holt Papa Linas Reisetasche aus dem Kofferraum. „Und Überraschung! Du darfst direkt hierbleiben, wenn du magst."

Lina ist verwirrt und weiß gar nicht, was sie sagen soll. „Wirklich? Ist das nicht zu teuer?"

„Mach dir keinen Kopf, Linalein. Das passt schon", sagt Papa und streicht ihr liebevoll über den Rücken. „In einer Woche hol ich dich wieder ab."

Lina zögert. Eine ganze Woche weg von Papa und

Matilda mit so vielen fremden Kindern? Ob sie sich hier wohlfühlen wird?
Aber dann denkt sie an die Pferde und wie lange sie von so etwas geträumt hat.
Sie atmet tief durch: „Wenn es doof ist, komm ich einfach direkt wieder nach Hause geritten", flüstert sie Papa ins Ohr und umarmt ihn fest.
„Abgemacht!" Papa drückt ihr einen dicken Schmatzer auf die Wange und steigt ins Auto.

Nervös greift Lina ihre Reisetasche. Dann läuft sie der munter schwatzenden Stella nach, die schon fast im Haus verschwunden ist.
Vor der Eingangstür dreht sich Lina ein letztes Mal um. Papa hupt noch dreimal, dann biegt er um die Ecke. Lina schluckt.
Plötzlich hört sie ein Geräusch vom Reitplatz. Redet da jemand mit ihr? Oder war das ein Wiehern?
Sie schaut sich um. Niemand da. Kein Pferd und kein Mensch.

Nur eine alte Hofkatze, die sie eindringlich mustert.
Hat sie sie sich das eingebildet? Lina lauscht noch einmal angestrengt. Doch jetzt hört sie nur noch Stellas Stimme aus dem Hofgebäude.
„Na, komm, Lina. Die anderen bauen schon das Zelt auf. Da willst du doch bestimmt dabei sein, oder?"
Irgendwas hier ist merkwürdig, wundert sich Lina. Neugierig folgt sie Stella ins Haus.

Ein schlammiges Kennenlernen

Am Zeltplatz ist riesiger Trubel.
Aufgeregt laufen etwa zehn Kinder durcheinander und versuchen, das große Zelt aufzubauen.
„Charlotte, zeigst du Lina, wie alles geht?" Stella winkt das Mädchen von gestern mit der blauen Reithose herbei.
„Viel Spaß!" Sie zwinkert Lina zu und geht zurück zum Haus.
Charlotte verdreht genervt die Augen.
Dann flüstert sie einem anderen Mädchen mit kurzen, braunen Haaren und Stupsnase etwas ins Ohr.
Aber Lina ist viel zu abgelenkt, um sich zu ärgern. Staunend beobachtet sie

eine helle Haflingerstute auf der Koppel, die gleich neben dem Zeltplatz liegt. Ihr Fell schimmert golden in der Sonne. Sie sieht genauso aus wie Linas Glaspferd Falballa.
„Du guckst ja wie ein Auto."
Ein Junge mit dunklen Locken tritt neben sie und grinst sie frech an. „So sah das aus." Er reißt die Augen auf und lässt den Mund offen stehen. „Echt, so wie ein Auto."

Lina ist verunsichert. Veräppelt er sie? Dann lächelt er. „Versteh ich aber voll. Die Stute da, Caramel, ist richtig schön."
Lina nickt stumm.
Der Junge streckt ihr seine Faust entgegen. „Ich bin Tiago. Und du?"
„Lina", stammelt sie überrumpelt. Ratlos schaut sie die Faust an. Dann greift sie zu, um sie zu schütteln. Aber

Tiago lacht, nimmt ihre Hand, formt sie auch zu einer Faust und haut mit seiner dagegen. „Faustcheck."

Lina lächelt verlegen. Das hat sie noch nie gemacht.

Tiago grinst bis über beide Ohren.

Dann stößt er Lina in die Seite. „Haha, guck mal."

Er deutet auf ein kleines, struppiges Islandpferd, das ein paar Meter neben Caramel aufgedreht herumhüpft. „Kaspar dreht wieder voll durch."

Das Islandpferd macht wilde Bocksprünge.

Sehr, sehr wilde. Auch sehr, sehr nah an der Weidetränke.

Und schon passiert es. Bei seinem nächsten Karate-Hinterhufe-Kick tritt das Pferd mit voller Wucht die Tränke um. Das ganze Wasser ergießt sich auf die Wiese.

Die Stute Caramel schnaubt verärgert, doch Kaspar wiehert entzückt.

„Hehe, ich weiß schon, was jetzt kommt." Tiago grinst.

Kaspar nimmt Anlauf und springt schwungvoll in die entstandene Pfütze. Genüsslich suhlt er sich im Schlamm. Dabei spritzt er auch die Pferde um ihn herum voll.

Caramel wiehert genervt auf und treibt die aufgeregte Herde weg von Kaspar und seinem Schlammbad.
Nur ein schwarzes Dartmoorpony zupft weiter unbeeindruckt an ein paar Kräutern.
„Das da vorne ist Yogi. Der ist total entspannt." Tiago zeigt stolz auf das Pony, das jetzt gemächlich seine Vorderbeine ausstreckt.

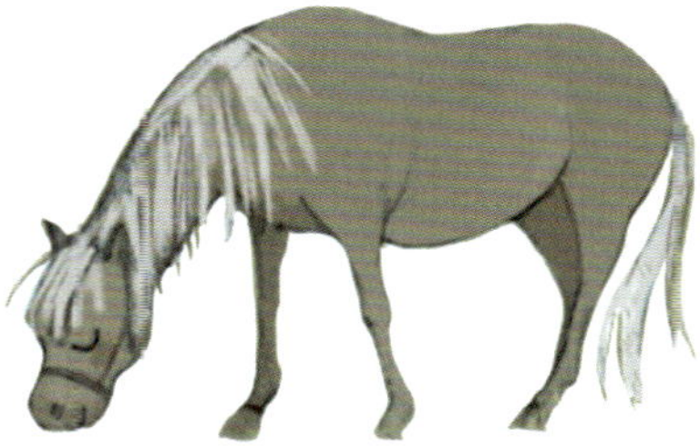

„Stella sagt, er ist richtig gut für Dressurreiten. Das will ich unbedingt mit ihm machen."
Da werden Lina und Tiago wieder vom schlammigen Kaspar abgelenkt. Der dreht sich jetzt turboschnell um seine eigene Achse und spielt Schlammwerfer. Dicke Tropfen Matsch fliegen durch die Luft.
„Kaspar ist schon lustig. Aber auch ein bisschen frech, oder?", fragt Lina vorsichtig.
„Ja, auf jeden Fall. Reiten ist unmöglich auf dem. Der macht nur Blödsinn und wirft dabei alle ab."

Nachdenklich greift Lina nach den herumliegenden Zeltstangen, um sie zusammenzustecken. Sie geht oft mit Papa und Matilda campen und kennt sich eigentlich gut aus.

Aber schon ist Charlotte neben ihr. „Mensch, was kannst du eigentlich? Das ist ein Zelt und kein Mikadospiel. Gib her."

Sie reicht die Stangen weiter an das Mädchen mit den kurzen Haaren. „Emily, nimm mal und steck sie zusammen. Die Neue ist irgendwie zu dumm dafür."

Lina läuft rot an und bekommt Herzklopfen. Hat sie etwas falsch gemacht?

Doch Tiago stellt sich Charlotte in den Weg. „Warum bist du denn so gemein zu ihr, Charly? Hast du vielleicht Angst, dass sie dir Caramel wegschnappt?"

Einen Moment lang scheint Charlotte

nicht zu wissen, was sie darauf erwidern soll. Dann zieht sie die Augenbrauen hoch und lächelt.

„Warum sollte ich denn davor Angst haben? Die kann doch bestimmt sowieso nicht reiten, oder?"

Volltreffer! Lina senkt eingeschüchtert den Kopf. „Nein, aber ich will's lernen und hab schon ein bisschen was darüber gelesen."

„Toll! Willst du deinem Pony dann auch vorlesen, wo es hinlaufen soll?", spottet Charlotte. Abfällig pustet sie sich eine Haarsträhne aus dem Gesicht und wendet sich wieder Emily zu. „Ich muss mal für kleine Cowgirls. Komm mit."

Dann zieht sie ihre Freundin mit in Richtung Hof.

„Na, worauf wartet ihr noch?" Stella ist zurück auf dem Zeltplatz und klatscht in die Hände. „Hopp, hopp! Wir haben nicht viel Zeit!"

Jetzt, wo Charlotte weg ist, fällt es Lina leichter zu zeigen, was sie weiß. Mit ihrer Erfahrung steht das Zelt im Nu.

Lobend klopft Stella ihr auf die Schulter. „Richtig gut, Lina! Ohne dich hätten wir das nicht so schnell geschafft."
Lina lächelt verlegen. Sie ist ziemlich stolz, dass sie sich das getraut hat.
„Okay, Kinder. Dann geht's jetzt lo-hooos!", verkündet Stella begeistert und läuft Richtung Koppel.
Aufgeregt wuseln alle ihr hinterher.
Tiago greift nach Linas Hand und zieht sie mit.
„Juhu! Jetzt kommt das Allerbeste."
Lina schaut sich staunend im Gewusel um. Was meint Tiago denn?

Ponys, Zicken und Enttäuschungen

„So, meine Lieben. Jetzt lüften wir das große Geheimnis." Stella hat alle Kinder vor dem Koppeltor versammelt.
Lina hat sich unauffällig hinten dazugestellt. Von hier aus kann sie alles sehen. Die Kinder, die Weide und vor allem die Pferde. Angespannt knetet sie ihre Hände und schaut sich um.
Was passiert denn gleich? Und wo ist Tiago plötzlich hin?

Charlotte lehnt selbstbewusst vorne am Gatter und flüstert mit ihrer Freundin.
„Sorry, ich muss immer, wenn ich aufgeregt bin."
Völlig außer Atem kommt Tiago angelaufen. „Hab ich was verpasst?"

Er stellt sich neben Lina und stemmt keuchend beide Arme in die Seite. Die lächelt ihn erleichtert an. „Du kommst gerade richtig. Denn jetzt ...", Stella macht eine Pause und schaut die Gruppe strahlend an, „... finden wir heraus, welches wunderbare Pferd zu welchem wunderbaren Kind hier passt." Alle fangen nervös an zu tuscheln.

„Bei uns suchen die Pferde ihre Kinder aus. Wenn euch ein Pferd anstupst, werdet ihr ein Team. Und verbringt die ganze Woche miteinander", erklärt Stella.

Lina wird ganz hibbelig. Ob Caramel sie wohl anstupsen wird?

Sie beobachtet die elegante Stute hoffnungsvoll. Direkt neben ihr fängt der hampelige Kaspar begeistert Fliegen. Dabei springt er immer haarscharf an Caramel vorbei. Aber die Stute würdigt ihn keines Blickes. So cool wäre Lina auch gerne.

Da meldet sich ein Junge und tritt auf die Koppel.

„Uh, es geht los." Tiago reibt sich freudig die Hände.

Langsam läuft ein rotbraunes Pony auf den Jungen zu. Nach ein bisschen Schnupperei stupst es ihn an.

„Moritz und Radett. Wie schön!", ruft Stella.

Dann sucht sich ein graues Shetlandpony Charlottes Freundin aus.

„Emily und Motte gehören zusammen! Wer will als Nächstes?"

In Windeseile hebt Tiago die Hand.
„Drück mir die Daumen mit Yogi!" Er zwinkert Lina zu. „Wenn du Caramel willst, beeil dich lieber. Bevor Charlotte sie sich schnappt", flüstert er. Dann schiebt er sich durch die Kinder durch und stapft auf die Koppel. Einige Ponys reagieren mit gehobenem Kopf und aufgestellten Ohren.

Lina hält ihre beiden gedrückten Daumen in die Höhe. „Yogi, Yogi, Yogi", murmelt sie vor sich hin.
Doch Yogi reagiert überhaupt nicht. Er döst entspannt, hat den Kopf gesenkt und die Augen geschlossen.
„Oh nein!" Lina kaut nervös auf ihrer Unterlippe. Sie sieht, wie Tiago ungeduldig auf eine Reaktion von seinem Lieblingspony wartet. Doch nichts passiert. Auch die anderen Pferde widmen sich jetzt wieder ihrem Futter. Alle außer einem. Kaspar hat seinen Kampf mit den Fliegen aufgegeben und trabt schwungvoll zu Yogi. Er stupst ihn an und schnaubt ihm leicht ins Ohr.

Was soll das denn werden?
Yogi hebt langsam seinen Kopf. Dann schnaubt er freundlich zurück. Kaspar scheint damit zufrieden und hüpft wieder zum Fliegenjagen.
Da versteht Lina.
Denn jetzt, da Yogi wach ist, entdeckt er Tiago. Und trabt lässig auf ihn zu. Tiago seufzt erleichtert.
Als Yogi vor ihm steht, streckt er erwartungsvoll die Hand aus. In aller Ruhe beginnt das Pony zu schnuppern. Tief saugt es Tiagos Geruch ein.
Der scheint ihm zu gefallen, denn Yogi zieht eine witzige Grimasse. Er hebt die Oberlippe und öffnet den Mund.

Hihi, das sieht richtig lustig aus! Die Kinder kichern.
„Das, ihr Lieben, heißt ‚flehmen', erklärt Stella.
„Pferde können viel Luft durch das Maul einatmen und so auch Gerüche wahrnehmen. Es sieht dann so aus, als würden sie lachen."
Tiago strahlt auch, als Yogi ihn schließlich anstupst.
„Damit seid ihr auf jeden Fall ein Paar", freut sich Stella.
Tiago tanzt überglücklich und ein bisschen albern von der Weide. „Wir sind das allerbeste Team! Bestes Team, bestes Team!"
Jetzt kann es Lina ebenfalls nicht mehr erwarten.
Ob Caramel sie wohl auch anstupsen wird?
Bevor sie weiter nachdenken kann, hat sie schon ihre Hand gehoben.
„I…ich würde gerne", stottert sie und läuft langsam Richtung Gattertor.
Einige Kinder stecken kichernd ihre Köpfe zusammen.
Charlotte, die gerade auch auf die Weide wollte, stampft genervt auf. „Und wann kann ich endlich?"

Lina erschrickt und bleibt verunsichert stehen.
Stella lächelt Charlotte zu. „Immer der Reihe nach. Du willst doch bestimmt erst mal Lina den Vortritt lassen, oder?"

Offensichtlich will Charlotte das nicht. Sie bestraft Lina mit einem messerscharfen Blick und flüstert Emily extralaut ins Ohr: „Die kann doch sowieso nichts. Bestimmt wird das jetzt richtig peinlich."
Stella nickt Lina aufmunternd zu. Die versucht, sich nicht aus der Fassung bringen zu lassen, und läuft los.
Vor Aufregung ist ihr ein bisschen schwindelig geworden. Doch tapfer stapft sie weiter bis zur Mitte der Koppel. Immer Caramel im Blick. Voller Konzentration.
Da passiert es.
FLATSCH! Lina tritt in einen dampfenden, stinkigen Pferdeäpfel-Haufen.
Die Kinder lachen und sogar Kaspar unterbricht seine Fliegenjagd, um sie anzustarren.

Lina läuft rot an. Sie ärgert sich.
Gerade jetzt passiert ihr so etwas!
Verlegen versucht sie, den Pferdemist am Gras abzustreifen.

„Nicht so schlimm. Wir machen gleich 'ne Wasserschlacht zusammen!", ruft Tiago ihr von draußen zu. Lina atmet tief durch.

Voller Hoffnung schaut sie zu Caramel.
Geht die Stute denn wenigstens auf sie zu?
Leider nein.
Unbeeindruckt stolziert sie herum und wehrt mit ihrem Schweif Fliegen ab.
Doch was ist das?
Kaspar hopst mit ulkigen Sprüngen auf Lina zu.
Direkt vor ihr macht er eine rutschige Notbremsung und übersät ihre Reithose mit Schlammspritzern.
Auch das noch!

Bestürzt schaut Lina an sich herunter.
Charlotte lacht hämisch.
Lina merkt, wie ihr Tränen in die Augen steigen.

Aber Kaspar gibt ihr liebevoll einen kleinen Stupser auf den Arm und schnaubt fröhlich.
„Kaspar und Lina! Was für ein tolles Paar“, freut sich Stella.
Lina weiß nicht, was sie machen soll.
Das war es jetzt?
Eigentlich wollte sie doch das elegante Pferd Caramel. Und kein verrücktes Trottelpony.
Aber das traut sie sich jetzt nicht zu sagen.
Stattdessen schluckt sie die Tränen runter. Dann nickt sie Stella zu und klopft Kaspar halbherzig auf den Hals.

Als Dankeschön schlabbert er ihr über die Wange.

Na toll. So hat sich Lina das alles nicht vorgestellt. Enttäuscht trottet sie von der Koppel.

Tiago zuckt hilflos mit den Schultern und sagt: „Tut mir voll leid. Ich hab dir richtig fest die Daumen gedrückt. Aber irgendwie ist das auch total krass. Kaspar hat sich noch nie ein Kind ausgesucht."

„Noch nie?" Lina schaut ihn überrascht an.

Tiago nickt schulterzuckend. „Er mag dich wohl."

Lina weiß nicht so recht, was sie davon halten soll.

Da ist Charlotte schon in der Mitte der Koppel angekommen und baut sich extra groß auf. Caramel reagiert sofort und läuft neugierig näher. Charlotte streckt dem Pony strahlend die Hände entgegen. Die beiden beschnuppern sich und

Charlotte ruft Stella zu: „Also, Caramel gehört auf jeden Fall zu mir!“
War ja klar. Lina lässt geknickt den Kopf hängen.
Stella nickt, als alle Kinder ein Pony gefunden haben. „Na, wunderbar. Dann auf zum Abendessen.“
Sie winkt die Gruppe zusammen und läuft vor zum Hofgebäude.
Hungrig sprintet Tiago Stella hinterher. Lina wirft noch einen letzten traurigen Blick auf Caramel.
Da ist Charlotte schon neben ihr. „Tja, blöd gelaufen. Aber hey! Ihr passt doch perfekt zusammen, das hässliche Pony und du“, zischt sie ihr im Vorbeigehen zu.
Lina schluckt. Sie will jetzt einfach nur nach Hause!
Und auf keinen Fall noch eine Woche hier bleiben!

Ein nächtlicher Ausflug

Verloren hockt Lina sich auf einen Heuballen. Das kann doch nicht wahr sein! Erst macht sie sich vor allen lächerlich und dann bekommt sie ausgerechnet das frechste Trottelpony. Und nicht das, das sie eigentlich wollte. Die Woche wird bestimmt furchtbar werden.
Verzweifelt sucht sie ihr Handy. „Wo bist du denn, du blödes Ding?" Papa soll sie sofort wieder abholen. Das hat doch alles keinen Sinn mehr hier! Mist, das Handy ist wohl noch in der Tasche im Gutshof. Und da ist auch Charlotte, die gemeine Mistziege.
In Linas Hals bildet sich ein riesiger Kloß. Die Woche hätte so schön werden können.

Mit Reiten lernen und netten Kindern. Und jetzt ist alles ganz anders. Und zwar richtig schlimm anders.

Jetzt ja nicht weinen, denkt sie. *Das wäre megapeinlich.*

Plötzlich spürt sie etwas Feuchtes an ihrem Knöchel. Erschrocken schaut sie nach unten. Aber es ist nur ein kleiner, süßer Welpe. Winselnd schleckt er sie an.

„Wer bist du denn?“, murmelt Lina. „Na, komm. Vielleicht hilft ja auch ein bisschen Kuscheln.“

„Hey! Ich hab dir nicht erlaubt, meinen Hund zu streicheln!“ Wie aus dem Nichts steht plötzlich ein bärtiger, ziemlich grimmig aussehender Mann vor ihr. Er spricht mit einem merkwürdigen Akzent. Ein bisschen wie Linas Onkel aus Schweden.

Lina zuckt zusammen.

„Oh! Entschuldigung, das ...“, stammelt sie.

Doch als der Mann ihr trauriges Gesicht sieht, wird seine Stimme weicher. „Das war nicht so gemeint. Kannst ihn knuddeln. Wenn du magst.“

Dankbar drückt Lina den Hund an sich.
„Du siehst unglücklich aus", brummelt der Mann verlegen in seinen Bart und setzt sich neben sie.
„Gefällt es dir hier nicht?"
Lina zögert.
„Ich bin Sjon. Ich kümmere mich hier um alles und helfe Stella. Und das ist Balu." Er deutet auf den knuddeligen Welpen.
Lina fängt Sjons Blick auf. Unter den struppigen

Haaren schauen sie dunkelblaue, sehr freundliche Augen an.

„Das ist ein besonderer Ort hier. Wirst du schon noch sehen", setzt er nach.

Wie als Bestätigung gibt Balu Lina liebevoll einen feuchten Kuss.

„Zu welchem Pferd gehörst du denn?"

Lina schluckt. „ Eigentlich wollte ich Caramel. Aber dann ist nur Kaspar gekommen."

Sjon schaut sie überrascht an.

„Wirklich? Kaspar hat dich gewählt?"

Ruckartig steht er auf.

Balu erschrickt und kugelt von Linas Schoß.

„Das ist sehr wunderlich."

Nachdenklich geht Sjon auf und ab. „Komm mal mit. Wir probieren etwas aus."

Er greift ein Halfter und einen Strick und läuft mit Lina zur Weide. Balu tapst neugierig hinterher. Dort ist es schon dunkel. Der Mond leuchtet aber so hell, dass man die Umrisse der dösenden Pferde

sehen kann. Caramel ist aber noch wach und hebt achtsam den Kopf, als sie Geräusche hört. Dann erkennt sie, dass keine Gefahr droht, und entspannt sich wieder.

Balu bellt ein paar Mal. Sofort prescht Kaspar aus der Herde hervor. Aufgeregt läuft er ans Gatter und wiehert blubbernd.

„Geh ruhig rein", sagt Sjon zu Lina. „Er wartet auf dich."

Unsicher klettert Lina durch das Gatter.

Kaspar kommt neugierig auf sie zu und riecht an ihrer offenen Handfläche. Dann stupst er sie liebevoll an und tänzelt nervös auf und ab.

„Nimm mal. Und halfter' ihn." Sjon reicht Lina das Halfter über das Gatter an.

Aufgeregt versucht sie, Kaspar das Halfter überzustreifen. Der zieht seinen Kopf weg und schnaubt irritiert das Ding an, das da über seine Nase soll.

Eingeschüchtert guckt Lina zu Sjon. „Was hab ich falsch gemacht?"

Der beruhigt sie. „Lass ihn erst mal daran schnuppern."

Lina hält dem Pferd das Halfter unter die Nase. Und tatsächlich! Nachdem Kaspar es in Ruhe erkundet hat, wird er deutlich entspannter.

Jetzt kann Lina ihm das Halfter über den Kopf streifen und den Strick befestigen.

„Führ ihn ein bisschen rum", fordert Sjon sie auf.

Lina geht los.

Kaspar ist ganz hibbelig. Viel zu schnell zappelt er an ihr vorbei.
Irritiert bleibt Lina stehen.
Aber Kaspar ist so drin in seinem Hibbeltanz, dass er das gar nicht merkt.
WUMMS!, rempelt er sie an.
„Au, Mist! Pass doch auf!“ Lina schaut ihn vorwurfsvoll an.
Entschuldigend prustet Kaspar.
Lina ist verunsichert. Wird das jemals klappen mit diesem verrückten Pferd?
„Gib ihm klare Signale“, erinnert sie Sjon. „Trau dich.“
Skeptisch versucht Lina es noch einmal.
Erst mal schickt sie Kaspar zurück. Atmet tief ein, macht sich groß und guckt ihn dabei an.
Damit zeigt sie Kaspar deutlich, was sie möchte.

Dann schaut sie in die Richtung, in die sie läuft. Und wenn sie anhalten will, atmet sie aus und hebt ihren Arm leicht.

Nach einer Weile Üben funktioniert es wunderbar! Erleichtert streichelt Lina Kaspars Hals. *So trottelig ist er gar nicht!*, denkt sie. *Er kann sich auch benehmen.*
Doch da beginnt Kaspar, schon wieder rumzuhampeln.
Na ja, zumindest manchmal. Lina grinst in sich hinein.
„Super habt ihr das gemacht!", lobt Sjon.
Auch Balu springt glücklich an Linas Bein hoch.

Die macht stolz das Halfter wieder ab.
Kaspar trippelt noch einmal eine Runde um sie herum und hopst dann zurück zu der Herde.
„Ihr zwei passt gut zusammen", brummt Sjon auf dem Rückweg. „Und wegen Caramel … In Island haben wir ein Sprichwort: *Manchmal wünscht man sich das, was man gar nicht braucht.*" Er zwinkert Lina zu. „Und jetzt träum etwas Schönes. Dafür bist du doch hier."

Euphorisch hüpft Lina die letzten Meter bis zum Zelt. Auf dem Platz ist es schon ganz dunkel und still. Sie hat das übermütige Pferd ganz alleine geführt! Und dabei gelernt, sich zu behaupten. Jetzt ist ihr auch egal, was Charlotte für dumme Sprüche macht. So richtig egal!

Die veräppelte Reitstunde

„Yasi, du kümmerst dich um die anderen Kinder? Ich nehme Lina und Kaspar in den Roundpen." Stella schickt eine junge Frau mit Charlotte, Tiago und den anderen auf den großen, viereckigen Platz.

„Wir drei probieren jetzt ein bisschen was an der Longe." Stella deutet auf einen kleineren, runden Platz.

Aufgeregt führt Lina Kaspar darauf. Sie versucht, sich an alles zu erinnern, was sie gestern gelernt hat.

„Wie schön, dass er dir so brav folgt, Lina." Stella staunt, als Kaspar direkt neben Lina stehen bleibt. Die strahlt stolz und krault ihn am Hals.

„Na dann, bist du bereit für den schönsten Ort der Welt?"
Stella hebt einen schweren Sattel vom Zaun und legt ihn auf Kaspars Rücken. Dort macht sie ihn sanft fest. Kaspar schaut überrascht über seine Schulter und tippelt nervös hin und her.
Lina ist baff. „Ich darf jetzt ... auf ihm reiten?" Stella nickt lächelnd.
Lina merkt, wie ihr Bauch anfängt zu kribbeln. Auf einmal wirkt Kaspar viel größer als sonst. So groß wie ein Mammut. Ein Riesenmammut.
„Wie soll ich das denn schaffen?", murmelt sie.
„Keine Angst. Schritt für Schritt. Erst stellen wir die Steigbügel richtig ein", beruhigt Stella Lina.
Danach stellt sie einen kleinen Hocker neben Kaspar. „Tadaaa! Warum schwierig, wenn's auch einfach geht?"
Doch Lina steht immer noch ratlos da.
Stella geht auf Kaspars andere Seite, um den Sattel festzuhalten. „Trau dich ruhig. Rauf auf den Hocker, mit dem Rücken zu seinem Kopf. Dann am

Sattelknauf festhalten und zuerst den linken Fuß in den Steigbügel. Dabei schön darauf achten, dass du ihn nicht mit der Fußspitze pikst."

Lina ist ganz schwindelig vor Aufregung. *Linker Fuß … Rücken … nicht piksen ….*

„Ah, Mist." Zu spät. Bevor Lina überhaupt richtig im Bügel steht, ist Kaspar schon losgelaufen.

Sie kann sich gerade noch auf dem Hocker halten.
„Nanana!" Stella fängt das hampelige Pferd wieder ein. „Wir wollen doch nicht ohne deine Freundin los, oder, Kaspar?"
Stella bringt Kaspar wieder in die Anfangsposition.

„Probier's noch mal. Wir bringen ihm bei, dass er auf dich warten soll."
Erneut versucht Lina, in den Steigbügel zu steigen.

Nach ein paar Versuchen bleibt Kaspar endlich stehen.
Puh, okay, weiter. Hochdrücken, vorsichtig umdrehen und dabei das rechte Bein drüber ... SCHWUPPS!
Plötzlich sitzt Lina oben. „Wow, das ist ja der Wahnsinn!", ruft sie. Dann schaut sie sich um. Sieht die Mähne und Kaspars aufgestellte Ohren, spürt den knirschenden Sattel und seinen runden Pferdebauch unter sich ... und fühlt sich einfach großartig! Hier will sie für immer bleiben!

Doch auf einmal trabt Kaspar los.
Und Lina beginnt, herumzuhüpfen wie ein Wackelpudding. Hilflos guckt sie zu Stella und versucht panisch, sich oben zu halten.
„Ganz ruhig, Lina! Das ist ein Vorschlag von Kaspar. Wenn du nicht traben willst, dann lehn dich einfach etwas zurück."
„Zurücklehnen? Ich bin ein riesengroßer Schwabbel, wie soll das gehen?", jammert Lina verzweifelt.
„Stell dir vor, dich zieht jemand an den Ohren", fügt Stella hinzu.

Was für ein komisches Bild, denkt Lina. Doch dann versucht sie es. Ohne es zu merken, lehnt sie sich dabei leicht zurück. Und Kaspar wird tatsächlich langsamer.

„Super! Ihr zwei versteht euch ja wunderbar!“, ruft Stella erstaunt. Genau in dem Moment stellt sich Charlotte an den Rand.

„Na, zu feige zum Traben? War ja klar“, zischt sie, als Lina an ihr vorbeireitet.

Verschämt fällt die in sich zusammen.

„Bleib schön gerade sitzen. Denk an die Schnur an deinem Kopf, die dich hochzieht“, erinnert Stella Lina.

Auf einmal bleibt Kaspar ruckartig vor Charlotte stehen.

Nicht auch das noch, denkt Lina. *Warum läuft er denn nicht weiter? Wie peinlich.*

Vergeblich versucht sie, Kaspar anzutreiben.

Doch der lässt, PLUMPS, PLUMPS, PLUMPS, dicke, stinkende Pferdeäpfel auf den Boden platschen.

Direkt vor Charlottes Füße.

Dann schnaubt er verächtlich und läuft weiter.
Charlotte rümpft angeekelt die Nase, dreht sich um und geht.
Lina kann sich ein Grinsen nicht verkneifen. Sie beugt sich zu Kaspars aufmerksam aufgestellten Ohren herunter. „Danke!", flüstert sie ihm zu.
„Na komm, ich glaube, das reicht für heute!" Stella lacht und klatscht in die Hände.
Perfekter hätte die erste Reitstunde nicht sein können. Kaspar ist einfach der Beste!

Eine furchtbare Entdeckung

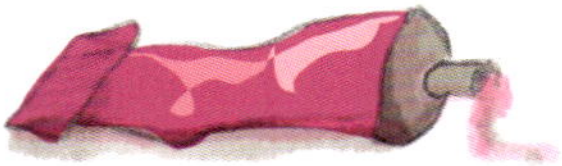

„Auauau, ich hätte nicht so viele Bohnen essen sollen!", jammert Tiago beim abendlichen Zähneputzen, als alle Kinder sich um die drei Waschbecken im Badezimmer des Hofs drängen. „Die ganze Luft in meinem Bauch muss irgendwie raus."
„Dann schläfst du auf jeden Fall auf der anderen Seite des Zelts." Charlotte trocknet sich sorgfältig das Gesicht ab und wirft ihm einen genervten Blick zu. „Ich hab keinen Bock, wegen deinem Pupskonzert nicht schlafen zu können."
Tiago spuckt die Zahnpasta aus. „Können ja nicht alle einen Stock im Popo haben wie du."
Charlotte ignoriert das und geht hocherhobenen

Hauptes an ihm vorbei. „Ach, und deine Freundin soll auch bei dir schlafen. Die stinkt immer noch nach Pferdemist."

Am liebsten würde Lina jetzt direkt einen gemeinen Spruch zurücksagen. Wenn ihr nur schnell genug einer einfallen würde.

Doch da steht Charlotte schon vor ihr.

„Übrigens voll schade für dich, dass Kaspar Ende der Woche verkauft werden soll. So richtig viel lernen kannst du bis dahin ja nicht. Wie traurig." Mitleidig verzieht sie ihr Gesicht und verschwindet.

Lina schüttelt ungläubig den Kopf. Verkauft?

Tiago schaut sie verdattert an. „Das wusste ich nicht."

Geschockt rennt Lina aus dem Zimmer.
Sie muss zu Stella, um zu erfahren, ob das wirklich stimmt.

Hinter dem Stall findet Lina sie endlich.
Doch Stella ist in ein Gespräch mit Sjon vertieft.
Ernst und ziemlich traurig sieht sie aus, denkt Lina und traut sich nicht, die beiden zu stören.
„Du kannst ihn nicht mehr verkaufen, Stella.
Du siehst doch, was passiert“, raunt Sjon Stella gerade zu.
„Ja, natürlich“, flüstert sie zurück. „Aber was erwartest du denn? Wenn Lina nicht mehr da ist, lässt er sich nicht mehr reiten und macht wieder nur Blödsinn!“
Lina schreckt zusammen. Es ist also wahr?
„Er kostet mich nur Geld. Und das hab ich einfach nicht.“ Stella seufzt.
„Du hast ja recht. Aber gib ihm doch noch eine Chance. Das lohnt sich bestimmt“, versucht Sjon es weiter.

Lina hält vor Aufregung die Luft an.
„Es geht nicht, Sjon. Kaspar wird verkauft und Lina findet ein anderes Pferd“, beendet Stella das Gespräch.
Ein anderes Pferd? Ein anderes Pferd als Kaspar? Niemals!
Lina wird es ganz schlecht.

Kaspar ist der Einzige, der zu mir passt, denkt sie. *Er versteht mich und er mag mich*!
Lina spürt dicke Tränen in sich hochsteigen.
Da kommt Stella um die Ecke des Stalls. Mit großen Augen starrt sie Lina an. „Oh, Lina, wie lange stehst du denn schon hier?"
Lina bekommt kein Wort heraus. Sprachlos dreht sie sich um und rennt davon.
Rennt und rennt, ohne darauf zu achten, wohin.
Vorbei an der Koppel und am Zeltplatz.
Dann durch das Tor und über die Wiese.
Sie läuft erst langsamer, als sie im Wald über eine dicke Wurzel stolpert.

„Au, so ein Mistding!“, flucht sie verzweifelt. Jetzt noch ein gebrochener Knöchel, dann würde ja alles zusammenpassen. Alles wäre blöd und unfair.

Kaspar verkaufen? Nachdem wir uns so gut angefreundet haben? Das können sich nur Erwachsene ausdenken. Die kriegen nie mit, wenn was wichtig ist.

Wütend schlägt Lina die Äste aus ihrem Gesicht und schimpft vor sich hin. Dabei stolpert sie weiter in den Wald hinein.

Bis sie plötzlich ein leises Wiehern hört. Ruckartig dreht sie sich um.

„Kaspar?“

Doch weit und breit sieht sie kein zotteliges, unfassbar süßes Chaos-Pferd.

Aber eine kleine Hütte, die über und über mit Hufeisen verziert ist. Neugierig geht Lina näher und tritt ein.

In der Mitte der Hütte steht ein Schmiedeamboss. Die Wände sind verziert mit uralten Schnitzereien.

Es sind lauter Pferde. Im Wald, auf Bergen, in Herden und alleine.

„Das ist ja wunderschön!"

Andächtig streicht Lina über die geschnitzten Pferde.

Ach, Kaspar ..., denkt sie dabei.

Sie muss zu ihm. Dann geht es ihr bestimmt besser.

Entschlossen läuft sie los. Spürt genau, in welche Richtung sie muss.

Als sie sich umdreht, staunt sie. Die Hütte ist wie vom Erdboden verschluckt.

Die Geschichte von den Zauberhufeisen

Am nächsten Tag steht der erste große Ausritt an.
„Auf geht's!", ruft Stella und leitet die Gruppe auf einen schmalen Weg durch die Felder, der von bunt blühenden Blumen gesäumt ist.
Als Charlotte sieht, dass Sjon Lina auf Kaspar führt, setzt sie zu einem dummen Spruch an.
Aber im selben Moment niest Yogi richtig laut.
Caramel macht vor Schreck einen großen Satz.
Um nicht runterzufallen, muss sich Charlotte festklammern. Der Spruch bleibt ihr im Hals stecken.
„Sorry, er hat wohl Heuschnupfen." Tiago zuckt

die Achseln und grinst, während er an Charlotte vorbeireitet.

Lina lächelt. Sie hat sich entschlossen, die restliche Zeit mit Kaspar zu genießen, und reitet glücklich hinter Yogi und Tiago her.

Erleichtert bemerkt sie, dass sie gar keine Angst hat. Selbst als ihr Chaos-Pony mal wieder aus der Reihe tanzt und Schmetterlinge fangen will. Lina bleibt ruhig.

Tiago fällt das Genießen etwas schwerer. Denn Yogi scheint keine große Lust zu haben, sich schnell zu bewegen.

Sorgfältig setzt er einen Schritt nach dem anderen und macht damit den ungeduldigen Tiago wahnsinnig.

„Jetzt komm, du kleiner Faulpelz“, grummelt Tiago. Vergeblich

versucht er, Yogi mit allen möglichen Tricks anzutreiben.
Aber auch Charlotte hat Probleme. Denn Caramel macht heute genau das Gegenteil von dem, was sie will. Als sie am späteren Nachmittag nach einer kurzen gemeinsamen Rast vorreiten und die Gruppe anführen soll, bewegt sich Caramel keinen Zentimeter von der Stelle.
„Das ist doch nicht dein Ernst, Caramel. Jetzt komm!", flucht Charlotte und guckt hilflos zu Stella.
Aber die ist nicht ganz bei der Sache. Nervös schaut sie immer wieder zum Himmel.
Da ziehen dunkle Wolken auf.
Und schon fallen erste, dicke Tropfen herunter.
Stella wirft Sjon einen ernsten Blick zu.
„Okay, uns bleibt nichts anderes übrig", er nickt. „Alle mir nach!"

Zügig läuft er mit Kaspar und Lina voran.
Jetzt, da das Gewitter aufzieht, kommen die Ponys ganz freiwillig mit. Das mögen sie nämlich gar nicht.

Schnell wird es so dunkel, dass Lina kaum noch Kaspars Ohren sehen kann.
In diesem Moment ruft Sjon zum Glück schon: „Da sind wir!", und deutet auf eine verlassene Scheune direkt vor ihnen.

„Die sieht ja aus wie das Hexenhaus von Hänsel und Gretel. Da geh ich auf keinen Fall rein“, protestiert Charlotte.
Auch die anderen Kinder stehen ängstlich bibbernd vor der Scheune. Niemand traut sich reinzugehen. Obwohl es jetzt immer nasser und windiger wird. Sogar Kaspar versucht vergeblich, sich hinter Lina zu verstecken.
„Was, wenn es hier Gespenster gibt?“, flüstert Tiago Lina ins Ohr.

Die zuckt zusammen. Ganz in der Nähe hat genau in dem Moment ein Blitz eingeschlagen.
Die Gruppe wird immer unruhiger.
„Weiche Eier seid ihr“, grummelt Sjon und betritt kopfschüttelnd mit Stella die dunkle Hütte.
„Oh nein! Die laufen einfach in die Arme der Gespenster!“ Tiago starrt ihnen fassungslos hinterher.

Durch ein Fenster sehen die Kinder, wie das Innere der Hütte ganz plötzlich hell aufleuchtet.
Erschrocken fahren sie zusammen.
Doch nichts passiert.
Kein gruseliges Geheul, kein gespenstisches Gerumpel. Nur ein leises Knistern ist zu hören.
So hell erleuchtet sieht die Hütte ganz anders aus, findet Lina. *Viel weniger schaurig und sogar ein bisschen gemütlich.*
„Also, wenn die Gespenster sie erwischt hätten … dann würden sie ja jetzt triumphierend heulen …“, stammelt Tiago unsicher.

Lina nickt und greift mit der einen Hand Kaspars Strick. Mit der anderen nimmt sie Tiagos Hand. Zaghaft wagt sich die Gruppe in die Scheune. Drinnen reißt Lina staunend die Augen auf. Sjon hat an einer sicheren Stelle Feuer gemacht. Davor liegen ausgebreitet ein paar Decken. Hier sieht es richtig kuschelig aus!
Stella stellt gerade einen großen Topf auf die Feuerstelle. „Wer hat Lust auf heiße Schokolade und Stockbrot? Davon hab ich immer eine Notfallration dabei."

Erleichtert und hungrig versammeln sich die Kinder um das Feuer. Auch die Ponys stürzen sich überglücklich auf einen Berg Heu im hinteren Teil der Scheune.

Glücklich mampfen alle vor sich hin.

Auf Sjons Schoß ist der Welpe Balu leise schnarchend eingeschlafen.

„Kannst du bitte wieder die Geschichte erzählen? Von dem magischen Schmied?", fragt Charlotte Sjon ungewohnt höflich.

„Oh ja, die Geschichte!", jubelt Tiago.

Sjon legt Lina den schläfrig vor sich hin zuckenden Balu in den Schoß.

Behutsam hält Lina den Welpen fest.

Alle Kinder kuscheln sich, eingemummelt in die Decken, dichter zusammen.

„Also, die Geschichte", beginnt Sjon mit geheimnisvoller Stimme. „Vor langer, langer Zeit in einem Land im Norden unserer Erde … Weiß vielleicht jemand, wie es heißt?"

„Ähm, ähm, ähm … Iiir…, äh, nee, ISLAND!", ruft Tiago hibbelig.

„Genau, in Island gab es einen sehr bekannten

Schmied. Und der hatte ein Pferd, mit dem ihn eine besondere Freundschaft verband. Die beiden machten alles zusammen. Sie waren richtig beste Freunde. Zu seinem zehnten Geburtstag wollte der Schmied dem Pferd ein großes Geschenk machen. Er verbrachte Tage und Nächte in seiner Werkstatt, bis er damit fertig war.

Am großen Tag rief er das Pferd zu sich, um ihm das Geschenk zu übergeben. Es waren Zauberhufeisen,

mit denen der Schmied das Pferd beschlug."

„Zauberhufeisen? Oh, wie cool. So bunt und glitzerig?", fragt Emily mit leuchtenden Augen.

Charlotte stößt sie mit dem Ellbogen in die Seite. „Psst, lass ihn erzählen!"

„Nicht ganz. Die Zauberkräfte waren sehr stark", führt Sjon lächelnd fort. „Denn ab diesem Moment konnten sich Pferd und Schmied noch besser verstehen. Sie konnten richtig miteinander reden und spüren, wie es dem anderen geht. Endlich wusste der Schmied genau, was sein Pferd beschäftigte und was es von ihm brauchte."

Das will ich auch können!, denkt Lina. *Dann weiß ich, was Kaspar möchte und wann er mal wieder verrückte Ideen ausheckt.*

Gespannt hört sie weiter zu.

„Diese besondere Bindung zwischen Mensch und

Tier sprach sich herum. Viele Menschen baten den Schmied, die Zauberhufeisen für sie zu schmieden. Doch er tat das nur für solche Menschen, die ihre Pferde wirklich verstehen wollten und sie respektvoll behandelten. Und das war selten. Irgendwann wurde das Pferd alt und starb. Der Schmied vermisste seinen Freund sehr."

„Oh nein, das ist immer so eine traurige Stelle", schluchzt Tiago neben Lina.

Balu, der mittlerweile aufgewacht ist, krabbelt rüber und leckt ihm tröstend über das Gesicht.

Sjon erzählt weiter.

„Zu Ehren von seinem Freund schrieb der Schmied genau auf, wie er die Zauberhufeisen geschmiedet hatte. Er versteckte das Schriftstück unter seinem Amboss. Damit der richtige Nachfolger es finden konnte. Doch leider verschwand das alte Dokument mit der Weisheit des Schmiedes. Die Legende blieb, aber das Wissen war verschollen. Bis vor einigen Jahren jemand wieder auf das Schriftstück

stieß und lernte, Zauberhufeisen zu schmieden. Niemand weiß, wer dieser Mensch ist. Wir wissen nur: Wenn erneut eine wahre Freundschaft zwischen Mensch und Pferd entsteht, wird es endlich wieder neue Zauberhufeisen geben."
Die Kinder staunen begeistert.
„Zauberhufeisen sind echt das Allercoolste. Die will ich auf jeden Fall!", verkündet Charlotte in die Stille.
„Aber ich auch! Ich will die viel mehr als du!", fällt ihr Tiago ins Wort.
Stella beendet die Diskussion kurzerhand: „Okay, meine Lieben. Wir alle wollen Zauberhufeisen. Aber jetzt wollen wir vor allem schlafen, oder?"
Sie schaut noch einmal nach den glücklich vollgemampften Pferden und deckt dann jedes Kind ordentlich zu.
Auch Lina, die vor Aufregung erst gar nicht schlafen kann.

Lange liegt sie wach und denkt an die magische Welt aus Sjons Geschichte. In der Tiere und Menschen Freundschaften schmieden und ein Leben lang verbunden sind.

Ohne es zu merken, schläft sie dann doch ein.

Und schlummert glücklich träumend vor sich hin.

Eine zauberhafte Verwandlung

Auf einer wunderschönen Wiese liegt Lina neben Kaspar. Stolz erzählt er ihr lustige Geschichten. Von seinen Streichen, die er als Fohlen ausgeheckt hat: „Ich hab alles gemacht: mehrfaches Möhrenmopsen, Heuschmuggel und Stall-Streunereien. Das war so cool!“

Plötzlich entdeckt er etwas am Waldrand und läuft aufgeregt dorthin.

„Lina! Linaaa!“, ruft er. „Wach auf, Lina.“

Lina blinzelt. Hat Kaspar wirklich gerade nach ihr gerufen? Da spürt sie eine feuchte Pferdenase, die sie anstupst. Überrascht setzt sie sich auf. Neben ihr schnarcht Tiago im Stroh. Und vor ihr steht ein zappeliger Kaspar.

„Hey du“, flüstert Lina ihm zu. „Was ist denn los?“
Jetzt bewegt Kaspar sich rückwärts und es sieht aus, als wollte er ihr etwas zeigen.
Schnell schlüpft Lina in ihren Pullover und die Schuhe. Sie folgt Kaspar verwundert aus der Hütte und nach draußen, wo Sjon auf einem Holzstapel sitzt und auf sie zu warten scheint.
„Sjon! Weißt du, warum Kaspar mich geweckt hat?“
Sjon nickt. Dann lächelte er geheimnisvoll und bittet Lina und Kaspar, ihm zu folgen.
So verrückt kann eigentlich nur ein Traum sein, denkt Lina.
Aber dann greift sie nach Kaspars Strick und stapft ziemlich verpennt hinter Sjon her.

Mittlerweile hat es aufgehört zu regnen. Der Mond beleuchtet den Waldweg.
Irgendwie kommt Lina hier alles so merkwürdig vertraut vor.
Nach der nächsten Kurve versteht sie auch, warum.
Vor ihr steht die kleine Hütte mit den Hufeisen und Schnitzereien. Die, die sie gestern im Wald gefunden hat.
Sjon bleibt vor dem Eingang stehen. „Du erinnerst dich an die Geschichte von eben?"
Mit einem Mal ist Lina hellwach. „Ja, natürlich!"
Sjon schaut sie ernst an. „Sie ist noch nicht zu Ende. Denn wenn erneut eine wahre Freundschaft zwischen Mensch und Pferd entsteht ..."
„... wird es endlich wieder neue Zauberhufeisen geben", vervollständigt Lina staunend seinen Satz.
„Und jetzt ist es tatsächlich so weit", sagt Sjon, während er Kaspar vor der Hütte anbindet.
Lina starrt ihn verdattert an.
„Wie ... was?"

„Na ja, in den letzten Nächten bin ich viel hier gewesen. Und hab geschmiedet." Sjon holt vier Hufeisen aus der Hütte. „Diese hier."
„Zauberhufeisen?" Lina starrt ungläubig auf die wunderschönen Eisen in Sjons Händen.
Sie glitzern und funkeln in einer einzigartigen Mischung aus Silber und Gold.
Lina überlegt. Kann das wirklich sein?
„Du? Du hast das Schriftstück des Schmieds gefunden?"
„Vor allem habe ich euch gefunden!", erwidert Sjon.
„Kaspar und dich. Ihr seid ein ganz besonderes Paar."
Lina ist sprachlos. Träumt sie etwa doch noch?

„Wenn ihr wollt, kann ich eure Bindung noch verstärken. Die Zauberhufeisen habe ich für dich und Kaspar geschmiedet."
Lina staunt. Dann geht sie zu Kaspar. Streichelt ihn sanft und flüstert: „In Ordnung für dich?"
Er prustet zustimmend und knabbert genüsslich an ihrem Ärmel.
„In Ordnung", sagt Lina zu Sjon.
Kaspar streckt Sjon erwartungsvoll seinen rechten Vorderhuf entgegen. Den greift Sjon gekonnt und nagelt die Eisen nacheinander an.
Als alle vier angebracht sind, leuchten sie kurz

auf und werden gleich darauf unsichtbar. Dabei ertönt ein feines, klirrendes Geräusch.
Und dann ist etwas anderes zu hören: „Hä, warum leuchte ICH jetzt nicht? Das ist doch voll die Veräppelung hier! Von wegen magische Hufeisen. Echt, ey!"
Lina staunt.

Diese freche, raue Stimme hat sie noch nie gehört. Und gleichzeitig kommt sie ihr sehr bekannt vor.
„Kaspar?", fragt sie ungläubig.
„Na klar, was denkst du denn. Ich red ja wohl nich' so komisch wie Sjon, oder?" Kaspar verzieht sein Maul zu einem lustigen Grinsen.

Verdattert betrachtet Lina ihr Pferd. „Ich kann dich ja verstehen!"

„Klaro kannst du mich verstehen. Du verstehst mich doch immeee... Moment! Du verstehst mich wirklich?" Verblüfft starrt er Lina an. „So wirklich, wirklich? Echt wahr?"

Er überlegt kurz. „Also, wenn ich jetzt ‚knusprige, lila Möhrenkekse mit Apfelstückchen' sagen würde. Dann verstehst du, was ich meine?", fragt er skeptisch.

„Ja, du hast ‚knusprige, lila Möhrenkekse mit Apfelstückchen' gesagt."

„Abgefaaahren." Kaspar schüttelt sich verdutzt. „Okay, das heißt, wenn ich mir jetzt knusprige, lila Möhrenkekse mit Apfelstückchen wünschen würde, dann könntest du mir die besorgen?"

Lina nickt. „Na ja, vielleicht schon. Wenn ich welche finde."

Kaspar strahlt. „Okay, okay, okay. Ich find das super! Also das mit den Hufeisen und diesem Verstehen und so. Obwohl so ein bisschen

Leuchten auch ziemlich cool wäre. Also nur so, fürs nächste Mal."

Er schnaubt und wirft Sjon einen tadelnden Blick zu.

Der steht ahnungslos daneben. „Hat's funktioniert?", fragt er neugierig.

„Ach so, du kannst uns nicht hören?", fragt Lina überrascht.

„Nee, die Verbindung besteht nur zwischen euch."

„Toll! Dann haben wir ja unsere eigene Geheimsprache", staunt Lina.

„Ja, unseren eigenen geheimen Club, du Schnellmerkerin! Und wir nennen uns … ähm …", Kaspar trippelt grübelnd hin und her.

„Ich hab was!", sprudelt es aus Lina heraus. „Team Zauberhufe!"

Kaspar grinst und nickt zufrieden.

„Team Zauberhufe. Perfekt! Das klingt magisch, glamourös und gigantisch! So wie wir."

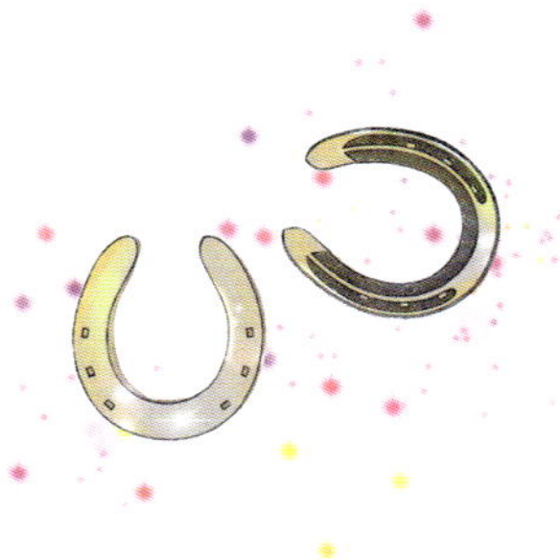

Auf dem Rückweg plappert Kaspar in einem fort. Was er jetzt alles vorhat, wie viel er Lina zeigen muss und, und, und.
In der Scheune angekommen, schläft er dann geschafft neben Yogi ein.
Auch Lina fällt überglücklich ins Stroh. Und wünscht sich so sehr, dass das alles nicht nur ein Traum war.

Team Zauberhufe auf Mission Balu

„Aber bist du sicher, dass er sich hier nicht irgendwo versteckt hat?"
Lina hat gerade ihre Sachen in der Scheune zusammengepackt, da kommt Stella aufgeregt hinter Sjon hereingelaufen.
„Ja, ganz sicher. Ich hab Balu gesucht. Überall!"
Verzweifelt fällt Sjon auf einem Strohballen in sich zusammen. „Er ist doch noch so klein. Nicht, dass er sich verlaufen hat! Oder verletzt ist!"
Eine dicke Träne kullert über Sjons Wange und versickert in seinem Bart.

Stella streichelt tröstend seine Schulter.
„Ich mach mich direkt auf den Weg."
Sie sattelt Caramel. „Kinder, ich muss Balu suchen. Ihr reitet mit Sjon zurück zum Hof, ja?"
Schon steht Kaspar neben Lina.
„Worauf wartest du? Ihr nach!"
„Kaspar, wir können doch nicht einfach los. Stella hat gerade gesagt, dass wir mit Sjon zurück zum Hof reiten sollen", erwidert Lina unsicher.

Kaspar schnaubt abfällig. „Ja, blablabla. ICH geh auf gar keinen Fall ohne meinen Baby-Balu nach Hause. Und guck dir an, wie traurig Sjon ist!"
„Ja, du hast recht. Wir müssen ihm helfen", lässt sich Lina überreden.
„Eben. Wenn nicht wir ihn finden können, wer dann? Team Zauberhufe auf Mission Balu!", verkündet Kaspar siegessicher.

Lina nickt entschlossen. Balu darf auf gar keinen Fall etwas zustoßen.
„Vielleicht hat Balu heute Nacht Sjon gesucht. Als wir weg waren. Bei der Schmiedehütte", überlegt Lina mit Kaspar. „Und dann ist er Richtung Hof gelaufen."
Kaspar nickt begeistert. „Nicht schlecht, Frau Detektivin. Dann müssen wir dahin."
Voller Tatendrang läuft er los und Lina folgt ihm.

Als sie an der Stelle vorbeikommen, an der sie gestern Pause gemacht haben, bleibt Lina abrupt stehen. „Hörst du das auch? Da weint doch jemand!"
Kaspar nickt. „Ja, und ... ich hab so ein ganz komisches Grummeln in meinem Bauch."
„Wahrscheinlich hast du wieder zu gierig dein Frühstück gemampft."

Lina schüttelt tadelnd ihren Kopf und streichelt Kaspars Bauch.

„Nein, das fühlt sich eher so an wie das Gegenteil. Wie wenn ich mich mal in den Stall schleiche und die anderen das ganze Heu weggefressen haben ... So ein Panikgefü..."

Da ertönt ein verzweifeltes Rufen. „Paaapaaaa! Wo bist du?"

Lina erschrickt. „Schon wieder!"

Es folgt ein herzzerreißendes Winseln.

„Das ist doch Balu!"

„Könnte sein", überlegt Kaspar. „Und diese Grummelpanik kommt irgendwie gar nicht aus meinem Bauch. Sondern von da!"

Er deutet mit dem Kopf auf ein kleines Waldstück.

„Schnell!", ruft Lina. „Vielleicht ist er da!"

Hoffnungsvoll rennen sie in den Wald hinein. Hier ist es plötzlich viel dunkler. Laut rufend kämpfen sie sich durch die dichten Sträucher.

„BALUUU! Wo bist du?"

Das Winseln wird immer deutlicher. Und immer panischer.

„Ich glaub, er ist da vorne!", ruft Kaspar und deutet mit dem Kopf auf einen riesigen alten Baum.

Seine Wurzeln verzweigen sich in großen Schlingen über tiefen Löchern. Zwischen zwei besonders dicken Wurzeln schimmert ein ängstliches Augenpaar hervor.
„Balu!" Schnell rennen Kaspar und Lina hin.
Der kleine Hund ist ganz außer sich. Sein linkes Hinterpfötchen hat sich in einer tiefen Wurzel verfangen. Nur mit seinen Vorderpfoten klammert er sich noch oben fest.
„Hiiilfe! Ich kann mich nicht mehr halten!", winselt er hilflos. Lina will nach ihm greifen, aber Balu rutscht nur noch tiefer ins Loch.
„Ganz ruhig", flüstert Lina. „Lass mich dir helfen."
Kaspar schnaubt dem kleinen Hund mit seinem warmen Atem in den Nacken, um ihn zu entspannen.
Dann versucht Lina es noch einmal. Sie greift ins Loch, tastet nach Balus Pfötchen und befreit es von der Wurzel!
„Jetzt halt dich an meinem Huf fest!", ruft Kaspar.
Und ZACK, zieht er Balu aus dem Loch.

„Gerettet!“, rufen Lina und Kaspar erleichtert.
Schwer atmend liegt Balu vor ihnen.
„Das war sooo gruselig“, fiept er.
„Wie habt ihr mich gefunden?“
Unschlüssig schauen sich Kaspar und Lina an. Wollen sie ihm von ihrem Geheimnis erzählen?

Da hören sie Stellas aufgeregte Stimme vom Feld.
„Lina, bist du das?“
Lina setzt Balu auf Kaspars Rücken und führt beide vorsichtig aus dem Waldstück heraus.
„Wir sind hier, Stella!“, ruft sie und winkt. „Wir haben Balu gerettet.“
Stella reitet verwundert mit Caramel auf sie zu.
„Tatsächlich?“ Dann sieht sie Balu auf Kaspars Rücken. „Wie habt ihr das geschafft?“
„Na ja“, druckst Lina. „Kaspar und ich sind einfach ein gutes Team. Das ist alles.“ Verschwörerisch zwinkert sie Kaspar zu.
Der zwinkert zurück und murmelt grinsend. „Das BESTE Team, du Knallfrosch.“

„Seid ihr das? Soso ...“ Behutsam streichelt Stella den Welpen auf Kaspars Rücken. „Dann wollen wir mal unseren kleinen Ausreißer zurück zu seinem Papa bringen, oder?“
Geschafft machen sich die fünf auf den Heimweg.

Ein magisches Wiedersehen

Als sie durchs Hoftor kommen, springt Balu aufgeregt von Kaspars Rücken. Sehnsüchtig bellt er nach Sjon.

Der stürzt seinem Hund direkt entgegen. Erleichtert schließt er den Welpen, der wie ein kleiner Flummi auf ihn zuhüpft, in seine Arme.

„Kaspar und Lina haben Balu aus dem Wald gerettet“, verkündet Stella stolz.

Sjon strahlt übers ganze Gesicht. Die anderen Kinder staunen begeistert.

Selbst Charlotte klatscht. „Wow, das hätte ich euch nicht zugetraut.“

„Das ist die Rosine am Ende von einem Hot Dog.“ Dankbar küsst Sjon den Kopf des Welpen.

„Hä, was heißt das denn?"
Kaspar sieht Lina fragend an.
„Wahrscheinlich meint er damit, dass das eine schöne Überraschung ist", überlegt Lina.
„So wie das hier?" Neckend schlabbert Kaspar an Linas Hals.
„Ihhh, lass das!" Sie schüttelt ihn ab und lacht.
Dann krault sie Kaspar am Mähnenansatz.
„Oh ja, etwas höher. Mhm, genau da."
Kaspar verdreht die Augen und lässt sich genüsslich streicheln.
Lina atmet tief durch. Sie hat noch eine wichtige Mission.

„Warte kurz", sagt sie zu Kaspar.
Dann strafft sie die Schultern und läuft auf Stella zu.
„Du, Stella? Ich …", verschüchtert bricht sie wieder ab.

„Was ist denn?" Stella schaut sie freundlich an.
„Also, ich ... ich wollte dich fragen ..."
Schließlich nimmt Lina all ihren Mut zusammen.
„Ich wollte fragen, ob du Kaspar vielleicht doch hier auf dem Hof behalten kannst."
Stella senkt den Kopf, sie sieht auf einmal traurig aus. „Ja, Lina, das würd ich gern, aber ..."
Doch Lina bleibt dran: „Bitte! Er versteht mich. Und er hat so brav geholfen, Balu zu finden. Bitte verkauf ihn nicht. Gib ihm noch eine Chance."
Puh, das war eine ganz schöne Überwindung.
Erwartungsvoll sieht Lina Stella an.
Die grübelt einen Moment. Dann lächelt sie. „In Ordnung, Lina. Ich hab ihn ja auch richtig gern. Wenn wir es schaffen, dass er auch behutsamer mit den anderen Kindern ist, darf er bleiben."
Überglücklich fällt Lina Stella um den Hals. „Danke, danke, danke! Das wird er bestimmt! Ich versprech's dir!"

Sie kann es kaum erwarten, Kaspar die guten Neuigkeiten zu erzählen.
Der steht gerade am Hoftor mit der Katze, zwei dicken Schafen und einer Ziege.
Aufgeregt zappelnd erzählt er von Balus Rettung: „Die Wurzel war lebendig und hat sich Balu gekrallt! Und das Loch ist immer größer und größer geworden."
„Heidenei ... Das isch ein Gschichtle!", staunt das graue Schaf in schäfischem Dialekt.

„Und hasch du reingeguckt? Ins Löchle?", fragt das weiße Schaf mit aufgerissenen Augen.
„Ja, klar! Ich hab die Wurzel angefaucht. So", Kaspar schnaubt heftig. „Wie ein Drachenpferd."

„Ah, *mon dieu*. Wie schreckliiich", jammert die Katze dramatisch und hält sich mit den Pfoten die Augen zu.
„*Pardon, Madame Tamtam*. Kein Grund zur Aufregung", fällt die

Ziege meckernd ein. „In der Geschichte der Evolution gibt es keine Drachenpferde. Also ist Kaspars Geschichte, mal wieder, komplett erschwindelt!" Vorwurfsvoll schaut sie Kaspar an.

„Nein, das ist die Wahrheit, Kopernikus!", widerspricht Kaspar der Ziege. „Ich hab die Wurzel in Schach gehalten. Und dann hat sich Lina vom Baum geschwungen. An einem riesigen Ast und …" Hilfe suchend schaut er sich nach Lina um. „War doch so, oder, Lina? Sag, sag, sag!"

„Ähm, na ja, nicht ganz." Lina lächelt.
„Hat die gerade mit uns geschwätzt?", staunt das graue Schaf.
Auch Kopernikus kneift entgeistert die Augen zusammen.
„Sie versteht uns? Das ist unmöglich!"
„Lina ist jetzt eine von uns. Weil sie einfach die Coolste ist!", erklärt Kaspar kurzerhand. „Ohne sie hätte ich Balu nie gefunden."
Wie auf Kommando kommt der Welpe auf die Gruppe zugesprungen. „Spielen! Spielen! Wer will mich fangen?"
Aufgeregt hüpft er zwischen den Tieren hin und her.
„Ich fang das Hündle", ruft das graue Schaf erfreut.
„Noi, ich mach das, Babelle. Du warsch schon mal", mault das weiße Schaf.

„Aber noi, das warsch du, Bobelle!", meckert Babelle zurück.
„Das heißt ‚warst' und nicht ‚warsch'!" Kopernikus verdreht genervt die Augen.

„Ach, ich habe keine Zeit für diesen Kinderkram. Die Welt muss gerettet werden und ihr spielt Fangen." Eifrig stolziert die Ziege in ihren Verschlag. „Ich werde weiter an meiner Wasseranlage forschen."

„*Non*, ich kann auch nicht fangen. Das ist zu viel für mein armes Herz", seufzt die Katze und kuschelt sich erschöpft zusammen.

Kaspar scharrt mit der Hufe. „Okay, Balu, dann musst du wohl den Meister fangen."

Verschwörerisch zwinkert er Lina zu.

„Los geht's!", ruft er und galoppiert Richtung Weide. Extra langsam, damit Balu hinterherkommt. Der jault begeistert auf und sprintet los. Lina lacht überglücklich. Die Hoftiere sind ja genauso verrückt wie Kaspar!

„Lina, wie abgefahren seid ihr denn! Habt einfach Balu gerettet? Das nächste Mal nimmst du mich aber mit, ja?" Tiago kommt angerannt und gibt ihr einen Faustcheck.
„Versprochen", Lina lächelt verschmitzt.
„Das nächste Abenteuer erleben wir auf jeden Fall zusammen."

So sprichst du die folgenden Worte richtig aus:

Roundpen	–	*Rauntpen*
Mon dieu!	–	*Mon djö!* (auf Deutsch: Mein Gott!)
Madame	–	*Madamm* (auf Deutsch: Frau)
non	–	*no* (auf Deutsch: nein)
Cowgirls	–	*Kaugörls*
Handy	–	*Händi*
Longe	–	*Longsche*
wow	–	*wau* (auf Deutsch: toll)